Für Dich zum Nachdenken

Für Dich
zum Nachdenken

*Gesammelt für uns alle
von unserer Schwester
Gabriele, Würzburg*

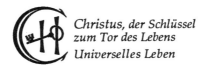

Christus, der Schlüssel
zum Tor des Lebens
Universelles Leben

4. Auflage 1994

© Universelles Leben
Haugerring 7
97070 Würzburg

Alle Rechte vorbehalten.

Druck: Joh. Walch, Augsburg

ISBN 3-89371-330-1

Inhalt

Zum Geleit	7
Finde dein wahres Selbst	9
Selbstlose Liebe	22
Äußerer und innerer Reichtum	36
Inneres Wachstum	47
Wahre Größe	54
Wissen und Weisheit	55
Inneres Leben	64
Werde göttlich	70
Lasse alles zum Gebet werden	78
Menschen des Geistes	87
Geistige Konzentration	94
Erkenne dich selbst	100
Finde Halt in dir selbst	109

Unser wahres Wesen	114
Wachstum geschieht in der Stille	118
Jeder Augenblick ist kostbar	120
Was du säst, wirst du ernten	126
Danke für alles	130
Im Leid reift die Seele	133
Herrschaft über die Gedanken	135
Sehen und Schauen	141
Wahre Schönheit	144
Werde frei von Leid und Not	146
Ewige Jugendlichkeit	150
Die Quelle allen Lebens	165
Anhang	175

Zum Geleit

Wenn wir am Morgen erwachen, möchte uns der beginnende Tag schon einiges mitteilen: die Tagesstrahlung für jeden Menschen – entsprechend seinen Licht- und Schattenseiten.

Um die Tiefen des Tages rascher zu überwinden, sind diese kleinen Lebensregeln gegeben. Sie sollen uns helfen, wieder zu uns zu finden und herauszufinden aus den Tälern menschlichen Ichs.

Schlage – im Leid wie auch in der Freude – das Büchlein auf, und lies darin. Die Seite, die dann vor Dir liegt, hilft Dir sicher ein paar Schritte weiter auf Deinem Lebensweg hin zu Ihm, unserem ewigen Vater, der uns liebt und

uns ruft durch Christus, unseren Erlöser. Folgen wir diesem Ruf und lassen wir uns von der Hand Christi führen, dann werden wir jeden Tag mit Ihm bestehen – und unser Tagewerk wird gut sein.
Eine kleine Hilfe sind dabei die Worte der Liebe und Weisheit aus diesem Büchlein. Sie sollen Dir Hilfe, Trost und Geleit sein.

Alle Menschen und Wesen sind in Gottes Liebe und in Seiner Einheit eine große Familie. Wir sind in diesem ewigen Bewußtsein verbunden.

*Die Geschwister im
Universellen Leben*

Finde dein wahres Selbst

*Der Mensch sucht
nach Glück, Geborgenheit
und Frieden.
Sucht er in der Welt
und bei Menschen,
dann wird er nicht finden.
Beständiges Glück, Friede,
Harmonie und Liebe
sind Gaben Gottes.
Sie sind nur
im Inneren jedes Menschen
selbst zu finden.*

*Der Mensch kann gehen,
wohin er will;
er kann jedes Land bereisen
oder auch von Ort zu Ort,
von Land zu Land
mit seiner Habe ziehen –
er nimmt immer nur
sich selber mit:
sein Leben und sein Denken.
Er wird an jedem Ort nur
so viel finden, wie er selbst
an inneren Werten mitbringt.*

*Wer nicht in sein Inneres
zu schauen und zu hören
gelernt hat,
der kennt sich selbst nicht.
Er wird auch seinen Nächsten
nicht kennen.
Er geht am geistigen
Reichtum vorbei –
und wird auch
im Äußeren arm sein
oder arm werden.*

*Die Erde
birgt so viel Schönes
und Gutes!
Wer in sich selbst das Schöne
und Gute erschlossen hat,
der wird es auch
von der Erde erhalten.*

*Erst, wenn der Mensch
gelernt hat,
sich selbst anzugehören –
dem, was er ewig ist –
erst dann kann er seinen
Nächsten richtig erkennen
und ihm angehören.
Nur auf diese Weise gibt es
ein Miteinander.*

*Für jeden
kommt einst die Stunde,
in der er erkennen muß,
daß das Hinblicken
auf seinen Nächsten,
das Nachahmen
oder das Abwerten seiner
Mitmenschen,
ihn hindert,
sich selbst zu erkennen
und zu finden.*

*Wer zu seinem wahren Selbst
gefunden hat,
den kümmert nicht
die Meinung der Menschen
und ihr Reden über ihn.
Dies ist die Haltung
des geistig Großen.
Wer in seinem wahren Selbst
ruht und aus diesem schöpft,
wird nicht hinhören,
was wohl die Welt meint.
Er weiß es aus sich selbst.*

*Wer im Bewußtsein
des Göttlichen lebt,
der ist kein Nachahmer
und gehört auch nicht zur Herde
der Nachahmer.*

*Es ist leichter,
nach der Meinung
und den Wünschen anderer
zu leben, sich gängeln und
führen zu lassen,
als sich selbst zu entwickeln
und höheren Kräften und
Werten zu folgen.*

*Der geistig Große
lebt aus sich heraus.
Er gibt selbstlos.
Deshalb bleibt er stark,
auch mitten im Gewühl der
Menge und in der Diskussion
über Dinge und Meinungen.
Er behält seine innere
Unabhängigkeit
und bewahrt
sein wahres Wesen.*

*Sei zu dir
selbst ehrlich,
dann hast du auch
Zugang zu deinem
Nächsten.
Sei dir selbst treu,
dann wirst du Gott
die Treue halten.*

*Jeder Gedanke
und jedes Wort
sollte ein Ausdruck deines
erschlossenen
Bewußtseins sein.
Dadurch erlangst du
die Bewußtseinserweiterung.
Das ist echte Meditation.*

*Nichts ist,
was du nicht bist.
Du bist, was ist.*

Selbstlose Liebe

*Wahrer Opfermut
ist das Aufgeben
des menschlichen Ichs,
um Größeres
zu erreichen.*

*Liebst du selbstlos,
dann empfindest du.
Ist deine Liebe
auf dich bezogen,
dann denkst du.*

*Was wir selbstlos lieben,
das ist der Besitz
unserer Seele.
Was wir jedoch begehren,
das besitzen wir nicht.*

*Durch unser Begehren,
das zur Begierde werden kann,
berauben wir uns immer mehr
der selbstlosen Liebe.
Dadurch werden wir arm
an geistiger Kraft.*

*Jedes menschliche Versagen
deutet hin auf mangelnde
Lebenskraft.
Nur die selbstlose Liebe
erfüllt den Menschen
mit Liebe, Kraft und Weisheit.
Sie schenkt ihm
innere Größe.*

*Wer sich nicht selbst
verschenkt,
der kann nicht selbstlos
schenken;
er erwartet Dank und
Gegenleistung.*

*Die göttliche Liebe
ist die selbstlose Liebe
im Menschen.
Sie ist das Heil und
die Heilung für alle Übel.*

*Wer selbstlos liebt,
dem ist Unmögliches
möglich.*

*Nur die selbstlose Liebe
vieler Menschen
kann die Welt verändern
und ihr ein neues Kleid geben.*

*Die reine kosmische Strahlung
ist jenen Erbauung und Weg
zum höheren Leben,
die auf Erden nichts sammeln.
Die Gestirne bringen jenen
Freiheit und Weg,
welche die Gesetze des Lebens
verwirklichen
und ihre Fähigkeiten
selbstlos in den Dienst
der Nächsten stellen.*

*Haben wir an unserem
Nächsten Gefallen,
gefällt uns auch sein Äußeres,
seine Kleidung, seine Mimik,
Gestik und Redeweise,
und erfreuen wir uns daran
ohne einen Beigeschmack
von Neid und Eifersucht,
dann nehmen wir
an unserem Nächsten
Anteil.*

*Echte Anteilnahme bedeutet
die An- und Aufnahme
unseres Nächsten.
Daraus ergibt sich
wahre Freundschaft und
Brüderlichkeit.*

*Was uns am Nächsten
selbstlos erfreut,
das haben wir im Innersten
unseres Seins
schon selbst entwickelt.
Was in uns ist,
das haben wir auch an
und um uns.
Was wir im Inneren nicht
besitzen, das haben wir
auch nicht im Äußeren.*

*Herr, wir danken Dir.
Was wir uns
und unserem Nächsten
heute bereitet haben,
empfangen wir
gegenwärtig und zukünftig.*

Äußerer und innerer Reichtum

Nur derjenige ist reich,
der im Inneren reich ist.
Der äußerlich Reiche
wird seinen Reichtum verlieren,
wenn er im Inneren verarmt –
wenn er den Auftrag von Gott
nicht erfüllt,
alles gerecht zu verteilen.
Denn der Reichtum
des einzelnen
ist für alle gegeben.

*Behält der Reiche
seinen Reichtum,
dann wird er verarmen.*

*Der Reiche
kann zum Bettler werden
und der Bettler zum Reichen.
Die göttliche Waage ist
die Gerechtigkeit.*

*Nur der Mensch
ist wahrhaft reich,
der andere reich zu machen
vermag.*

*Wer an seinem Besitz
hängt und ihn
als sein Eigentum betrachtet,
der ist noch nicht
zum Erbe des großen Ganzen
erwacht.
Er ist kleinlich und
vor Gott klein,
da er nur auf sich
und seine Vorstellungen
bezogen ist.*

*Wenn der Besitz
den Menschen
zum Abhängigen erniedrigt,
so kann er keine
geistigen Werte schaffen
und auch seinem Nächsten
nicht den Weg
zum inneren Reichtum
weisen.*

*Wenn wir
Menschliches anstreben,
z. B. Reichtum und Ansehen,
dann verlieren wir
an geistiger Kraft.
Wenn wir Menschliches lassen,
werden wir Geistiges
gewinnen.*

*Sammelt der Mensch
äußere Schätze,
dann wird er im Inneren
verarmen.*

*Wer selbstlos
Wohltaten erweist,
hat innere Größe.
Wer nur Wohltaten empfängt
und erwartet
und keine zu erweisen vermag,
der ist geistig arm,
denn er hat noch keine
geistigen Werte
entwickelt.*

*Wer nach Ansehen
trachtet und
für sich persönlich
Güter erwirbt und diese hortet,
wird einst sein Ansehen
und sein Hab und Gut
verlieren
und nach seinem Leibestod
im Reich der Seelen
unter seinesgleichen
sein.*

*Der wahre Reichtum
ist das Innere deiner Seele.
Dein Äußeres ist
nur ein Abglanz deines Inneren.
Verbinde dich täglich
mit den positiven Kräften
der Unendlichkeit,
und du erweckst
täglich mehr den Reichtum
deiner Seele.*

Inneres Wachstum

*Hat der Mensch
keine der sieben Grundkräfte
des göttlichen Bewußtseins
weitgehend gereinigt,
so ist Gott für ihn
nicht wahrnehmbar;
es spricht dann nur der Mensch,
der Intellekt.*

*Solange der Mensch
in seinem Bewußtsein
die Dinge und Geschicke
nicht ordnet,
also in seinen Gedanken und
Wünschen keine Ordnung hat,
wird er auch
in seiner Umgebung
keine Ordnung haben –
und es wird in der Welt
keine Ordnung geben.*

*Deshalb
ordne zuerst dein Leben,
deine Gedanken und Wünsche,
dann ordnet sich
deine Umgebung –
und die Welt wird sich
zum Guten verändern.*

*Wer jede Empfindung
und jeden Gedanken
aussprechen kann,
ohne erst bedenken zu müssen,
ob er damit
seinen Nächsten verletzt,
der ist auf dem Wege
zur Geistigkeit.
Wer edel denkt,
redet und handelt,
der ist frei.*

*In der Innenschau
erleben wir Verwirklichtes
und nie Unverwirklichtes.
Wer verwirklicht hat,
findet in jeder Schwierigkeit
und Aufgabe die Lösung.
Aus der Verwirklichung
spricht die eigene,
durchlebte Erfahrung.
In der Tiefenschau
schaut der Reine wiederum
das Reine, das wahre Sein.*

*Der Mensch trägt in sich
die Bewegung des Geistes,
wodurch sich die Seele ständig
gedrängt fühlt,
vorwärtszuschreiten.
Sie wächst und reift jedoch
allein im Überwinden
negativer Gefühle, Gedanken,
Worte und Handlungen –
also, wenn der Mensch
das Übel erkennt
und bereinigt.*

*Wer das Leben,
das göttliche Gesetz,
die Liebe,
aus sich herauswachsen läßt,
anstatt abzuwehren
und Widerstände aufzubauen,
der erlangt Freiheit
und Frieden.*

Wahre Größe

Groß ist der,
der den Willen des Vaters tut –
nicht der,
der nur darüber redet.

*Groß ist,
wer das Gesetz Gottes erkennt
und erfüllt,
wer bewußt aus Gott lebt
und von Seinem ewigen Sein
Zeugnis gibt.*

Wissen und Weisheit

*Wer nur
in der Welt lebt
und dem Drängen der Welt
nachgibt,
der findet sich nicht
in den Büchern der Weisheit.
Er findet in ihnen kein Echo.
Sie langweilen ihn,
da er noch einen langen Weg
zur Wahrheit hat.*

*Bücher
aus der ewigen Wahrheit
sind für Menschen,
die das göttliche Gesetz
verwirklichen,
ein Labsal.
Für jene, die nur
Wissen anhäufen
und wenig verwirklichen,
werden sie – mit der Zeit –
zum Gewissen.*

*Wer nach der göttlichen
Weisheit sucht,
der begnügt sich nicht
mit Schulweisheiten.
Er wandert nach innen,
um die höchste Kraft
in sich zu finden,
die göttliche Liebe
und Weisheit.*

Wer viel Wissen hat,
der schaut nur auf sein Wissen
und gibt es bereitwillig
zur Aufwertung
und Selbstdarstellung weiter.
Der Weise schweigt.
Er redet nur,
wenn er erkennt,
daß Worte angebracht sind.
Sonst betet er.

*Wer zur Weisheit Gottes
gefunden hat,
der braucht keine
äußeren Weisungen.
Er hat Gott bewußt in sich –
die Weisheit selbst.*

*Der Weise lebt nicht
im Schein der Illusionen
und Täuschungen.
Er schaut hinter
die Geschehnisse des Tages
und findet
hinter jedem Augenblick
das Ewige.*

*Weise sind
erleuchtete Menschen.
Sie schieben das Leben
nicht vor sich her
und grübeln nicht,
was wohl später sein wird.
Sie leben im Ewigen
und somit
in der Wahrheit.*

*Der wahre Weise
steht über den Dingen
des Alltags
und über dem Menschlichen.
Er weiß die Geschicke
zu lenken.*

Inneres Leben

*Das Innere Leben
ist nicht ein überschwengliches,
menschliches Leben.
Das Innere Leben ist göttlich;
es schenkt und verströmt sich.
Daher ist
jede Überschwenglichkeit
Ausdruck des menschlichen Ichs,
welches das rechte Maß
zum rechten Leben
noch nicht gefunden hat.*

*Alles menschliche
Denken und Tun
trägt in sich schon den Keim
der Bitternis,
weil alles Menschliche
veräußerlicht ist.
Was nicht aus der
ewigen Quelle fließt,
kehrt auch nicht
in die ewige Quelle zurück.
Es drängt zur Selbsterkenntnis
und Selbsterfahrung.*

*Wahre Frömmigkeit
strömt aus dem inneren
Lebensborn und führt
den zu Gott Strebenden
immer tiefer in das Reich
des Inneren,
das in jedem Menschen wohnt;
denn jeder Mensch ist
der Tempel der inneren Liebe –
in jedem ist
das Reich Gottes.*

*Konfessionelles Denken
und die daraus hervorgehende
Frömmigkeit führten
im Laufe der Jahrhunderte
zu Intoleranz und
Selbstaufwertung.
Wer diese äußere Religiosität
wahrt, der betet den Schein an
und nicht das Sein.*

*Leben im Geiste
bedeutet Verinnerlichung
und nicht äußeres Streben
oder konfessionelles
Denken.*

*Finde
in dir das Göttliche –
und du wirst
göttlich werden.*

Werde göttlich

*Möchtest du,
daß dich der Geist Gottes
durchdringt,
dann achte darauf,
daß dein Empfinden, Denken,
Reden und Handeln
in Einklang mit den
göttlichen Gesetzen ist.*

*Bewege dich in Gott:
Prüfe,
ob deine Worte
deinen Gedanken und
Empfindungen entsprechen –
und deine Empfindungen,
Gedanken und Worte
deinen Handlungen.*

*Bist du von der
göttlichen Kraft durchdrungen,
so ist dein Empfinden,
Denken, Reden und Handeln
ein Kanal für Gott;
dann befindest du dich
auf dem Pfad
zu deinem wahren Selbst,
das göttlich ist.*

*Lerne, jeden Gedanken
zu Gott zu erheben,
damit du dich im Lichte
der Wahrheit erkennst.
Bevor du sprichst,
erhebe deinen Gedanken zu Gott
und betrachte ihn
im Lichte der Wahrheit.
Auf diese Weise findest du dich
in Gott und gelangst wieder
zum Ursprung deines Lebens,
der göttlich ist.*

*Wir sollten so lange
Güte, Selbstlosigkeit und
Opferfreudigkeit
in unser Inneres
hineinempfinden und -denken,
bis Gleiches aus
unserem Inneren strömt.
So finden wir Zugang
zum ewigen Ich Bin.*

*Ist es in dir
still geworden,
dann bist du
zur Wahrheit geworden –
dann bist du frei.*

*Hast du
zur Wahrheit gefunden,
dann liebst du alle Menschen
und Wesen –
dann bist du göttlich.*

*Die Ausrichtung
auf das Höchste
ist Kampf mit sich selbst.
Hast du dich besiegt,
dann bist du göttlich.*

Lasse alles zum Gebet werden

Wer sich in Gott
geborgen weiß,
wer in allem
die Einheit mit Gott findet,
dessen Gebet
wird kein Betteln sein.
Sein Denken und Tun
ist zum Gebet geworden.

*Wer aus Gott ist,
durch den gibt Gott
und dessen Gebet
ist mit Leben erfüllt,
weil das Leben denkt, spricht
und handelt.*

*Laß dein Denken
und Tun
zum Gebet werden.
Betteln und Wehklagen
deuten auf Unzufriedenheit
und Gottferne hin und
auf mangelndes Vertrauen
in Gottes Macht
und Weisheit.*

*Entschließe dich zur
Selbsthilfe durch Gottes Hilfe.
Das heißt: Baue nicht auf andere,
sondern baue allein auf Gott.
Bejahe das Gute
in deinem Nächsten und in dir.
Bejahe Gesundheit und Kraft
in dir und in deinem Nächsten.
Das ist Selbsthilfe
durch die Kraft Gottes.
Sie bereitet den Körper für das
Wirken Gottes auf.*

*Wir werden heil
und empfangen Lebenskraft,
wenn wir uns
in Übereinstimmung
mit dem göttlichen Gesetz
befinden.*

*Rechtes Beten
ist gesetzmäßiges Leben.*

*Wahres Leben
ist Gebet.*

*Hat der Mensch
verwirklicht,
wofür er betet,
dann sind seine Gebete
von Kraft erfüllt.*

*Wer sich durch die Kraft
des Christus
in das Gesetz der selbstlosen
Liebe emporgehoben hat,
dessen Gebete werden
fruchtbringendes Leben
sein.*

Menschen des Geistes

*Menschen des Geistes
sind keine Schwächlinge,
sondern geistige Führer.
In ihnen wirkt
eine mächtige Kraft,
die sie anspornt –
wider die Finsternis
und das Chaos in dieser Welt.*

*Wer sich bemüht,
im Geiste Gottes zu leben,
ist nicht der Knecht
der Materie oder
ein bedauernswerter Kranker,
der Mitleid erwartet.*

*Die Materie hat
keine Macht über mich,
wenn ich ihr nicht
Macht verleihe
durch mein furchtsames
Verhalten.*

*Beherrsche
in jeder Situation
den Kern des Ganzen,
das Wesentliche –
dann bist du geistig
überlegen.*

*Wer nur das lebt,
was er in Gott
verwirklicht hat,
der ist erfüllt
von Gottes Kraft und
Weisheit.*

*Wer nicht um sein Ich
kreist, sondern göttliche
Lebenskreise zieht
durch gesetzmäßiges Denken
und göttliche Taten,
der wird immer größere Kreise
um sich ziehen;
und zuletzt wird
sein Wesen und Sein
in die Unendlichkeit einmünden,
von wo es kam.*

*Solche Menschen
finden immer wieder
zu Menschen,
die gleich und ähnlich
denken und leben.
Auf diese Weise
kann sich die Welt verändern
und die Erde fruchtbar werden
durch den Geist der Liebe,
der diese Menschen eint.*

Geistige Konzentration

*In der rechten Konzentration
liegt Stärke
und in der Stärke
das Erkennen der Dinge
und Geschehnisse.*

*Aus der Zersplitterung
wachsen Unfreiheit und
Unbewußtheit.*

*Konzentration,
die auf das Gute, das Göttliche,
gerichtet ist,
zeigt uns die Schritte
heraus aus der Enge,
der Dunkelheit und
Dumpfheit des Gemüts,
heraus aus Schwäche und
Ohnmacht –
hin zum Lichte der Wahrheit
und zu den Früchten,
die jeder Tag bringt.*

*Wir entwickeln Klugheit,
indem wir uns
auf die positiven Kräfte
konzentrieren,
die immer selbstlos sind.
Daraus entfaltet sich
die Weisheit.*

*Nur wer die Kräfte sammeln
und sich auf das Innere
zurückziehen kann,
der erlebt in sich Wachstum
und Kraft.*

*Wer in sich ruht,
ist schöpferisch
und von magnetischer
Anziehungskraft.*

Erkenne dich selbst

*Sei in jeder Situation
du selbst.
Wenn du
von deinem Nächsten
etwas erwartest,
dann bist du nicht mehr
du selbst.
Du gehst aus dir,
aus deinem Selbst, heraus
und wirst allmählich das,
was du von deinem Nächsten
erwartest.*

*Erwartest du für dich
selbstlose Liebe,
dann verstärkst du
deine Eigenliebe und
nimmst auch die gegensätzlichen
Regungen und Äußerungen
deines Nächsten an, von dem du
dies und jenes erwartest.
Du bist dann nicht mehr
ganz du selbst, sondern hast
Teile deines Nächsten
aufgenommen.*

*Wenn du dich
in jeder Situation
selbst erkennst,
dann wirst du aus allem
das Beste machen.*

*Der Mensch
kann nur so viel lernen,
wie er bereit ist
anzunehmen.*

*Wohin dein Auge
immer wieder blickt,
das wünschst du; das bist du.
Dein Blick sagt,
was in dir liegt.*

*Du ißt, was du bist.
Was dir also schmeckt und
wonach dein Gaumen verlangt,
das bist du.*

*Was du anerkennst,
das bist du.*

*Aus mir kann selten
Positives hochsteigen,
wenn ich das Negative
nicht kenne.*

*Propheten kommen
in diese Welt,
um das Gegensätzliche
anzurühren,
damit das Positive
sichtbar wird.*

Finde Halt in dir selbst

*Jeder Mensch
muß früher oder später
den Halt in sich selbst finden.
Jeder muß
die Erfahrung machen,
daß er in seinem Nächsten
keinen Halt findet,
nur in sich selbst.*

*Der Mensch ist
nur deshalb schwach, krank
und mit Problemen beladen,
weil er die Ursachen
seiner Probleme
bei seinen Nächsten sieht
und Hilfe und Heilung
bei Menschen sucht.*

*Sobald der Mensch
erfaßt hat, daß alle Macht
und Kraft der Unendlichkeit
in ihm selbst wohnt,
wird er sich immer mehr
nach innen wenden und
sich bemühen, von innen heraus
die Dinge und Geschehnisse
zu betrachten.*

*Göttliche Worte
sind Wegweiser
in das Innere.
Sie sind nur dann Stütze
und Halt,
wenn sie verwirklicht werden.
Die göttliche Wahrheit im Wort
muß gelebt sein;
dann erst finden wir Halt
in uns selbst.*

*Jeder Mensch ist
seinem wahren Wesen nach
größer, als der menschliche
Gedanke zu erfassen vermag.
Nur durch die Erfüllung der
göttlichen Gebote
erlangt der Mensch Größe
und lernt –
in Gott ruhend –
über den menschlichen Dingen
zu stehen.*

Unser wahres Wesen

Wir sollen nicht nur
die Funktionen des menschlichen
Körpers kennen,
sondern auch die unseres
geistigen Leibes.
Kennen wir den Aufbau
unseres geistigen Körpers,
der Seele,
dann ist es uns auch möglich,
die göttlichen Kräfte
in uns zu bejahen,

*weil wir spüren,
wie der Geist Gottes
durch unseren geistigen Körper
strömt und
im physischen Leib
wirksam wird.*

*Geburt und Tod
sind Mysterien.
Erfahre diese großen Mysterien
in dir –
und du wirst dich
nicht mehr nur als Mensch
betrachten und fühlen.*

*Die Seele im Menschen
ist nicht auf dieser Erde,
um zu ruhen,
sondern um ihre Probleme und
Konflikte zu meistern
und um zu wirken.*

Wachstum geschieht in der Stille

Alles Wachstum
vollzieht sich in der Stille.
So bete:
O Herr,
laß auch in mir Stille werden,
auf daß ich wachse und reife –
in Dir
und durch Dich.

*Die Stille der Seele
ist der Odem Gottes.
Der Odem Gottes
ist Offenbarung.
Werde stille.
Laß deine Sinne
zur Ruhe kommen.
Dann findest du Mich in dir
und in allem Sein,
Mich, deinen Herrn.*

Jeder Augenblick ist kostbar

*Nur der ist
im Inneren reich,
dem der Tag gehört.
Deshalb sollen wir
die Tage zu den unseren
machen.*

*Wenn wir
das Herz des Tages,
das Göttliche, finden,
dann haben wir
unser Selbst gefunden,
dann erkennen wir,
wie bedeutungsvoll und kostbar
die Augenblicke sind –
und was das Jetzt für uns
bedeutet.*

*Lebe jeden Augenblick so,
daß du das Geschehen
des Augenblicks
annehmen und dich
dem Willen Gottes
unterordnen kannst,
denn Gott allein weiß,
was der nächste Augenblick
bringt.*

*Jedem Menschen
gehört der Tag –
und jeder Tag ist sein Tag.
Wer ihn anzunehmen vermag,
der spürt darin den Reichtum:
Es ist sein Reichtum!*

*Hinter jedem Augenblick
ist die ganze Ewigkeit,
denn Gott schenkt
allen Wesen und Menschen
die Fülle.
Dem Menschen
ist in die Wiege gelegt,
den Augenblick zu nützen,
sich als Wesen der Ewigkeit
zu finden und zu leben,
wie ihm die Ewigkeit verheißt:*

*Du bist
von Ewigkeit zu Ewigkeit.*

Was du säst, wirst du ernten

Der Mensch ist
mit einem Baum zu vergleichen:
Jeder von uns trägt
seine Früchte –
entsprechend seinem Denken
und Handeln.
Denn der Mensch ist so,
wie er denkt, spricht
und handelt.
Daraus wachsen seine Früchte
am Baum des Lebens.

*Gottes Mühlen
mahlen langsam.
Daher ist oftmals
eine große Zeitspanne von der
Ursache zur Wirkung.
Doch Ursache und Wirkung
sind eins, so wie
Same und Frucht eins sind.
Die Wirkung reift
in der Ursache,
bis Gesetzmäßigkeiten
die Ursachen berühren.*

*Wer Unrecht tut
und dies nicht rechtzeitig
erkennt und bereut,
wird Gleiches oder Ähnliches
erleiden.
Deshalb ist es gut,
jede Schuld rechtzeitig
zu bereinigen und
zu begleichen,
damit das Gesetz
von Saat und Ernte nicht
über ihn kommt.*

*Wer nur
für sich ein Herz hat,
der hat das innere Herz
verschlossen.*

Danke für alles

*Aufrichtiger Dank
strömt aus der
Selbstlosigkeit deiner Seele
und deines Herzens.*

*Danke für alles –
für Freude, Schmerz und Leid.*

*Siehe,
der Dank erhebt dich
zum Herzen Gottes.
So nimm alles dankbar an.*

Im Leid reift die Seele

Leiden
sind die Vorstufe
zum inneren Erleben.

*Im Leid reift die Seele
zu wahrer Selbstlosigkeit
und tieferen Freuden.*

Herrschaft über die Gedanken

*Jeder Gedanke
wirkt auf die einzelnen Nerven
und Muskeln ein.
Deine Nerven und Muskeln
werden von deinen Gedanken
beherrscht.*

*Der Mensch muß
die Überlegenheit und
Herrschaft über seinen Körper
gewinnen –
über die Gedanken, Nerven,
Stimmungen und Hemmungen,
über sein menschliches Wesen
und über sein Schicksal.*

*Laß dich nie
von deinen Gedanken
und Leidenschaften
beherrschen,
sondern sei du ihr Beherrscher;
dann wirst du frei von dir selbst,
von deinem Ich.*

*Der gegensätzliche Gedanke
ist der Verursacher und Beweger
deines gegenwärtigen Lebens.
Der positive Gedanke
ist eine Macht,
die deinem Leben Kraft und
Willensstärke verleiht.*

*Was ich an Menschlichem
in und an mir
nicht anerkenne und bejahe,
das wandelt sich um
in positive Energie
und strömt mir als Kraft zu
für Seele und Leib.*

Liebe Gott
in deinen Gedanken,
Worten, Gesten und Werken;
dann wirst du nur noch
Edles wollen
und tun.

Sehen und Schauen

*Solange du siehst
und nicht schauen gelernt hast,
siehst du nur die Welt.
Hast du schauen gelernt,
dann schaust du das Gute
und Göttliche
in allem.*

*Das Böse kann ohne
den Lebenskern des Guten
nicht bestehen.
Daher gibt es nichts,
das ausschließlich böse wäre;
in allem Bösen
ist auch der Kern des Guten.
Finde ihn!*

*Wer sieht,
ist unruhig und unerfüllt.
Wer schaut,
findet Ruhe
und ist erfüllt.*

Wahre Schönheit

*Wenn sich
Weisheit und Liebe einen,
dann strahlt Schönheit
aus dem Menschen;
und nur der Mensch ist schön,
aus dem Liebe
und Weisheit strahlen.*

*Es gibt nichts,
was Verhalten
und Charakter eines Menschen
so verschönert und veredelt, wie
selbstlose Liebe, innere Freude
und inneren Frieden
auszustrahlen.*

Werde frei von Leid und Not

*Kein Mensch
und nichts auf der Welt
und in der Unendlichkeit
kann mir
Schaden zufügen –
nur ich selbst schade mir.*

*Das Leid,
das ich trage,
habe ich selbst verursacht.
Ich bin daher selbst das Leid.
Jedes Unglück, das mich trifft,
bin ich selbst.
Ich habe es geschaffen
durch meine eigenen Fehler.*

*Aus Leid und Unglück
gibt es den einen Weg:
Bereue und
bitte um Vergebung
und tue Gleiches oder Ähnliches
nicht mehr!
Dann können die kosmischen
Kräfte wirken,
und aus Leid wird Freude,
und aus Unglück wird Glück.*

Sprich
und sei dir dessen bewußt:
Ich bin ewiges Sein.
Ich bin ewig strömende
selbstlose Liebe.
Ich bin kosmisches Bewußtsein.
Lebe gemäß dieser Wahrheit,
und du wirst frei
von Not, Leid
und Trostlosigkeit.

Ewige Jugendlichkeit

Die Unerschütterlichkeit
in Gott
bewirkt in Seele und Mensch
inneren Frieden und
innere Freude.
Daraus ergeben sich
Heiterkeit und Jugendhaftigkeit
bis ins hohe Lebensalter.

*Das Leben, die innere Kraft,
ist im Menschen.
Das Äußere wird
durch das Innere gelebt.
All unsere Bewegungen
sind Ausdruck
des Inneren Lebens,
nicht das Leben selbst.
Der Mensch könnte sich
nicht bewegen, wenn nicht
das Leben ihn bewegte.*

*Er könnte nicht
denken und reden,
wenn nicht das Leben
ihm die Kraft verliehe.*

*Nicht der Mensch
ist das Leben, sondern das,
was im Menschen ist:
GOTT.
Der Mensch,
ob jung oder alt,
soll danken für das Leben
und sich verinnerlichen,
so daß die grauen Tage
heller werden
und er sich selbst in Gott
als göttliches Wesen findet.*

*Viele bitten
um ein langes Leben;
sie bitten um materielles Leben.
Doch materielles Dasein
vergeht.
Das Leben in Gott jedoch
währt ewig.*

*Nur das Innere Leben
hat Gehalt.
Es kommt unbegrenzt
auf uns zu.
Jeden Augenblick ist es uns
ganz gegeben.
Daher ist die Jugend nicht das
Leben – so wenig, wie das Alter
das Leben ist.
Das innere, das wahre Leben,
ist ewig strömende Jugend.*

*Es wirkt
durch den jugendlichen und
durch den älteren Menschen –
es ist.
Wer zum Inneren Leben
gefunden hat,
durch den strahlt
die ewige Jugend –
auch wenn der Leib welkt.*

*Viele glauben,
sie wären weise,
weil sie an Jahren älter sind.
Doch nicht das Alter
hat die Weisheit –
Weisheit ist das gelebte Gesetz.
Wer nur
von der Weisheit spricht,
der ist nicht weise –
auch dann nicht,
wenn er den Jahren nach
alt geworden ist.*

*So mancher ältere Mensch
verzichtet auf das Streben
nach innerer Weisheit,
weil er glaubt, das Alter allein
würde weise machen.
Alter ohne Weisheit
wirkt oftmals lächerlich,
wenn der Mensch nur von seiner
Vergangenheit spricht und sich
nicht in die Gegenwart findet
und in ihr zu Hause ist.*

*Wenn die Muskelkraft
nachläßt und der Organismus
schwächer wird,
beginnt die Verwirklichung
des Menschen stärker
zu leuchten.
Das ist dann
die Jugend im Alter.
Von solchen Menschen geht
innere Kraft, Liebe, Weisheit
und Hoffnung aus –
das ist der Wohlgeruch der Seele.*

*Ihre Haut ist wohl welk,
doch ihre Strahlung ist
anziehend.*

Jeder Lebensabschnitt
birgt in sich die Möglichkeit,
das geistige Bewußtsein
zu erweitern.
Daher sollte jeder Mensch
sein irdisches Leben nützen,
um in dem Evolutionsgang
voranzuschreiten –
durch Verinnerlichung
und Vergeistigung
seiner Gedanken und
seines Handelns.

*Das Leben in Gott
ist der Gleichklang der Kräfte
im Menschen.
Es trägt ihn empor
zur inneren, selbstlosen Freude
und in den Frieden,
der das Alter krönt.*

*Wenn ich mich
nach innen wende
und in meinen lichten Gedanken
mein Selbst schaue,
so schwindet das Alter;
die ewige Jugend in mir
beginnt zu leuchten und mich
zu durchstrahlen.
Dann bin ich nicht mehr
der bisherige Mensch, sondern
Schönheit aus der ewigen
Reinheit und Schönheit Gottes.*

*Wohl dem Menschen,
der im Alter
die innere Reife erlangt
und zu seinem wahren,
inneren Wesen
gefunden hat.*

Die Quelle allen Lebens

*Alle geistigen
und materiellen Dinge
gehen aus einer Quelle hervor:
dem Geist.
Die Menschen
geben dem ewigen Ozean,
dem Geist,
nur verschiedene Namen:*

*der Ewige,
der Absolute,
die absolute Liebe,
die absolute Harmonie,
das kosmische Sein,
das universelle Gesetz,
die Urkraft,
der Lebensquell
oder: Gott.*

*Gott hat
verschiedene Namen
und ist doch die eine Quelle
und zugleich der Ursprung
der Quelle.
Er ist das Leben,
der ewige Ozean der Liebe,
von dem alles ausgeht –
und in den alles zurückfließt.*

*Einerlei, wie sie Ihn,
den ewigen Ozean, auch nennen:
Er bleibt und ist
die unveränderliche Liebe,
Kraft, Weisheit
und Größe.*

*Verläßt der Mensch
den Ozean der Liebe,
dann beraubt er sich selbst
der Liebe,
der Weisheit und Kraft.*

*Hört der Mensch den
Mahnruf der absoluten Liebe
und befolgt er die
göttlichen Weisungen,
dann wächst er in die Macht des
kosmischen Geschehens hinein
und erfährt in sich selbst
Gott, das Leben,
weil er selbst das Leben
geworden ist,
die erhabene, göttliche Liebe
und Weisheit.*

*Nicht ich gehe –
es geht in mir.*

*Nicht ich spreche –
es spricht durch mich.*

*Nicht ich lebe –
es lebt durch mich.*

*Nicht ich speise –
es speist durch mich.*

*Herr,
Du speisest uns.
Herr, gib uns Kraft,
daß auch wir unseren Nächsten
speisen
mit den Gaben des Lebens
und der Liebe.*

*Was aus Gott ist,
das ist göttlich.*

Anhang

Was ist das Universelle Leben?

Das Universelle Leben ist eine auf allen Kontinenten der Erde verbreitete dynamische Glaubensgemeinschaft, welche die Tradition des Urchristentums aufnimmt und wie dieses aus der Quelle des Prophetischen Wortes schöpft. Im Universellen Leben setzt sich das unmittelbare Wirken Gottes auf Erden fort, wie es durch die jüdischen Propheten des Alten Bundes und durch Jesus von Nazareth geschah.

Diese innere Dynamik des Universellen Lebens bewirkte auch im Äußeren eine kraftvolle Entwicklung: Aus dem Gottesgeist entstand innerhalb von 15 Jahren eine weltumspannende Bewegung, die kontinuierlich wächst. Alle, die ehrlichen Herzens Jesus von Nazareth nachfolgen und die göttlichen Gesetze Schritt für Schritt verwirklichen, sind das Fundament, auf dem das Friedensreich Jesu Christi aufgebaut wird.

Der Aufbau des Universellen Lebens, des Erlöserwerkes Jesu Christi auf Erden, ist im Zusammenhang mit seinem geistigen Hintergrund und seiner bisherigen Entwicklungsgeschichte zu verstehen. Es sind vier Säulen, auf denen das Universelle Leben gegründet ist: Die Offenbarungen des Christus-Gottesgeistes für die Menschheit von heute in dieser mächtigen Zeitenwende, beginnend im Heimholungswerk Jesu Christi; der Innere Weg; die Innere Geist=Christus-Kirche sowie die Bundgemeinde Neues Jerusalem.

Durch Sein Prophetisches Wort gründete Christus 1977 das Heimholungswerk Jesu Christi, Sein Erlöserwerk, das Aufklärungs- und Rückführungswerk. Es weist allen Menschen und Seelen den Weg zurück zu Gott, in die ewige Heimat. In Tausenden von Offenbarungen vermittelte und vermittelt der Christus-Gottesgeist seit 1977 jetzt das allumfassende geistig-göttliche Wissen, das in dieser Breite, Tiefe und Detailliertheit in der geschichtlich bekannten Zeit bisher noch nie offenbart wurde. Christus offenbarte hierzu am 22.11.1992: »Höret, ihr Menschen aller Völker dieser Erde! Ich, Christus, der Sohn des lebendigen Gottes, euer Erlöser und Wegbereiter, habe die ganze Wahrheit ausgegossen«

und: »In Wort und Schrift habe Ich durch Mein Instrument die ewige Wahrheit gegeben, soweit sie Menschen im Wort erfassen können.«

Aus dieser Wurzel, dem Heimholungswerk Jesu Christi, ging das Universelle Leben hervor, das heißt: Denken, Leben und Wirken im Geiste Gottes – nach den Prinzipien Gleichheit, Freiheit, Einheit, Brüderlichkeit, woraus sich die Gerechtigkeit ergibt.

Im Universellen Leben lehrte und lehrt der Christus-Gottesgeist weiter. Er offenbarte alle Stufen des Weges zur Vollendung. Es ist der Innere Weg zu Gott im Innersten jedes Menschen, der Pfad der Selbsterkenntnis und der Läuterung von Seele und Mensch. Er führt durch die konsequente Arbeit an uns selbst schrittweise in die Einheit mit Gott in uns und in allem Sein.

Das geistige Sammelbecken für alle suchenden Menschen – gleich, welcher Religion, Konfession oder Weltanschauung sie angehören – ist die Innere Geist=Christus-Kirche, eine freie Zusammenkunft von Menschen, ohne Mitgliedschaft, ohne Riten, ohne Zeremonien, ohne Priester. Wir Urchristen kommen zusammen, um zu beten und das Offenbarungswort des Christus-Gottesgeistes durch Prophetenmund zu hören. Wir wenden die Zehn Gebote Gottes und die Bergpredigt Jesu sowie die heute offenbarten Gesetzmäßigkeiten zunächst mehr und mehr bei uns selbst an, so wie es auch die ersten Nachfolger Jesu vor zweitausend Jahren taten. Diese Kirche des Inneren ist die weltweite Prophetische Volks-Lehrkirche des Geistes Gottes. Durch das erschlossene geistige Bewußtsein der Lehrprophetin und Botschafterin Gottes, unserer Schwester Gabriele, lehrt Christus nun auch das Absolute Gesetz; es sind die großen kosmischen Lehren über das Leben der wahren gotterfüllten Menschen. Wer diese göttlichen Lehrsätze auf seinem Weg nach Innen befolgt, dem wird es gelingen, die Gesetze des Ewigen immer tiefer zu erfassen und mehr und mehr zu erfüllen. Die Urchristen im Universellen Leben setzen die Gebote Gottes Schritt für Schritt überall dort um, wo sich der Alltag vollzieht: in der Familie, im Wirtschafts- und Gesellschaftsleben, am Arbeitsbeitsplatz, in Kindergärten, in der Schule, in Kliniken, in der Landwirtschaft und in sozialen Einrichtungen.

Anfang 1989 schloß der Ewige den Bund mit Brüdern und Schwestern der Urgemeinde Neues Jerusalem für das Friedensreich Jesu Christi. Er, der All-Eine, übertrug Seiner Bundgemeinde die Verantwortung für alles Geschehen im Universellen Leben. Die Glieder der Bundgemeinde, die urdemokratisch alles gemeinsam beschließen, blicken einzig auf den einen Hirten, Christus, und sind bestrebt, die ewigen Gesetze immer mehr zu erfüllen. Sie sind aktiv für den Aufbau des Friedensreiches Jesu Christi tätig, das aus dem Universellen Leben erwächst. Ausgehend von der Bundgemeinde Neues Jerusalem, entstanden und entstehen weitere Urgemeinden im Universellen Leben.

Menschen des Universellen Lebens sind Pioniere für die Neue Zeit, die schon angebrochen ist. Es ist das Geistzeitalter, in welchem Christus, der Herrscher des Reiches Gottes auf Erden, im Geistleib wieder unter den Menschen sein wird, um das Reich Gottes auf Erden ähnlich zu führen, wie es im Himmel ist.

Jedem Menschen steht der Innere Weg in das Reich Gottes offen. Die Schritte auf diesem Weg sind die beiden Meditationskurse und die Stufen des Inneren Weges zur Vollendung, von der Ordnung bis zur Barmherzigkeit. Keiner ist ausgeschlossen, der ernsthaft mit Christus den Weg im Inneren und Äußeren gehen will.

Der Innere Weg
»Näher, mein Gott, zu Dir«

Als Jesus von Nazareth hat Christus der Menschheit vor nahezu zweitausend Jahren die Bergpredigt geschenkt, und Er hat sinngemäß die Worte gesprochen: »Ich habe euch noch viel zu sagen, doch ihr könnt es jetzt noch nicht erfassen. Ich werde euch jedoch den Geist der Wahrheit senden, der euch in alle Wahrheit führen wird.«

Diese Worte haben sich in unserer Zeit erfüllt: Der Christus-Gottesgeist lehrt jetzt – erstmals in der Geschichte der Christenheit – durch Sein Prophetisches Wort unter vielem anderen den Inneren Weg zu Gott in allen Stufen und Details. Er offenbarte hierzu:

»O erkennet: In dieser düsteren Zeit strahle Ich allumfassend den Befreiungsweg aus, den Inneren Weg, den Weg der Liebe, der zum Herzen des ewigen Vaters führt. Auf diesem Weg rufe Ich die Meinen, die Gebote des Heils anzunehmen und schrittweise aus dem Sündenpfuhl menschlichen Ichs herauszufinden.

Denn jedem Menschen, jeder Seele, reiche Ich, Christus, die Hand.«

So hat Christus in unserer Zeit Seine große Mysterienschule ins Leben gerufen. Sein Diener, der Cherub der göttlichen Weisheit – auf Erden Bruder Emanuel genannt –, lehrt in dieser Hohen Schule des Geistes Gottes auf Erden über das Prophetische Wort unserer Schwester Gabriele den unmittelbaren und dadurch kürzesten Weg zu Gott im Innersten der Seele jedes Menschen.

Der Innere Weg im Universellen Leben, der geistige Schulungsweg, führt uns – durch die konsequente Arbeit an uns selbst – schrittweise in ein Leben nach den ewigen göttlichen Gesetzen, in ein Leben der Gottes- und Nächstenliebe und schließlich wieder in die Einheit mit dem Göttlichen in uns.

*Bücher und Cassetten
im Universellen Leben*

Das ist Mein Wort. A und Ω
Das Evangelium Jesu
Die Christusoffenbarung,
welche die Welt nicht kennt
1104 S., geb., Best.-Nr. S 007, DM/SFr 35,-, ÖS 273,-

Die großen kosmischen Lehren des
JESUS von Nazareth
an Seine Apostel und Jünger,
die es fassen konnten.
Das Leben der wahren gotterfüllten Menschen
296 S., geb., Best.-Nr. S 134, DM/SFr 35,-, ÖS 273,-

Die großen kosmischen Lehren des
JESUS von Nazareth an Seine Apostel und
Jünger, die es fassen konnten.
mit Erläuterungen von Gabriele
in der großen Lehrkirche des Geistes Gottes
Band 1: 256 S., geb., Best.-Nr. S 317
Band 2: 272 S., geb., Best.-Nr. S 319
Band 3: 256 S., geb., Best.-Nr. S 320
— je DM/SFr 35,-, ÖS 273,- —

Du bist nicht verlassen
Gott ist Dir nahe in Wort und Tat
112 S., geb., Best.-Nr. S 115, DM/SFr 29,80, ÖS 232,-

Inneres Beten
Herzensgebet, Seelengebet,
Äthergebet, Heilgebet
112 S., geb., Best.-Nr. S 307, DM/SFr 14,80, ÖS 115,-

Mit Gott lebt sich's leichter
168 S., kart., Best.-Nr. S 308, DM/SFr 14,80, ÖS 115,-

Lebe den Augenblick -
und Du siehst und erkennst Dich
88 S., kart., Best.-Nr. S 315, DM/SFr 14,80, ÖS 115,-

Der Geist, die Quelle im Menschen
Worte aus der ewigen Quelle,
Lebensweisheiten und Bewußtseinsstützen,
die uns das ganze Jahr über begleiten
196 S., geb., Best.-Nr. S 304, DM/SFr 12,80, ÖS 100,-

*Weitere Informationen
über den Inneren Weg im Universellen Leben
sowie über alle erhältlichen Bücher, Cassetten
und Videos*
senden wir Ihnen gerne kostenlos zu.*

*Universelles Leben
Haugerring 7 · 97070 Würzburg
Telefon: 0931/3903-0*

* Es gelten die Preise des aktuellen Verzeichnisses.